Ich weiß was vom
Hafen

Text von Norbert Golluch
Bilder von Helmut Kollars

ANNETTE BETZ

Familie Segler auf den Spuren der Vergangenheit

Familie Segler macht Urlaub am Strand. In der kreisrunden Bucht, die eben noch Bennis Strandburg gewesen ist, suchen selbst gebastelte Schiffchen Schutz vor der Flut. »Wozu brauchte denn ein Urzeitmensch eigentlich einen Hafen?«, fragt Benni. »Die hatten doch nicht einmal Schiffe!« – »Doch, doch! Sie hatten Boote, die aus einem einzigen Baum bestanden! Damit fingen sie Fische oder brachten Waren über Flüsse und Seen.« – »Aber auf einem See braucht man doch keinen Hafen!«, beschwert sich Lina. »So ein Gewittersturm ...«, Vater Segler deutet auf die dunklen Wolken über ihren Köpfen, »... kann ein Boot weit auf den See hinaustreiben oder es umwerfen, wenn man es einfach irgendwo am Ufer lässt.« Vater Segler lacht verschmitzt: »Damals konnte nur ein besonders schlauer Urmensch sein Boot vor Unwettern retten!« – »Wieso denn das?«, will Benni wissen.
»Weil er klug genug war, sein Boot in einer geschützten Bucht festzumachen – er war sozusagen der Erfinder des Hafens!«

Gefährliche Fahrt

Wer früher den sicheren Hafen verließ, begab sich in Gefahr – und das um so mehr, je weiter er aufs Meer hinausfuhr. Es gab nämlich auf offener See kaum eine Möglichkeit, den genauen Kurs zu bestimmen. Die einzigen Wegweiser waren die Sterne in der Nacht. Trotz der Gefahren wurden die Seeleute mit der Zeit immer mutiger, denn es gab viel zu entdecken.

Bereits die alten **Ägypter** bauten vor vielen tausend Jahren Schiffe. Sie nutzten sie aber nicht, um fremde Länder zu entdecken, sondern transportierten mit ihnen Holz und große Gegenstände wie Obelisken.

600 Jahre v. Chr. umsegelten die Handelsschiffe der **Phönizier**, auf der Suche nach neuen Waren und Märkten, den afrikanischen Kontinent.

Ziemlich sicher ist, dass etwa im Jahr 1000 die **Wikinger** mit ihren Schiffen Nordamerika erreichten. Daher hat eigentlich nicht Christoph Kolumbus, der 1492 nach Amerika kam, diesen Kontinent entdeckt, sondern die Wikinger. Sie waren fast 500 Jahre vor Kolumbus in Amerika!

Die Hanse und die Handelshäfen

Im 12. Jahrhundert schlossen sich Kaufleute aus verschiedenen Städten zusammen, um die Handelswege zu sichern: Die Hanse entstand. Zu ihr gehörten Städte wie Hamburg, Rostock, Lübeck, Bremen und Riga – insgesamt waren es an die 90.
Um sich gegen Piratenangriffe wehren zu können, stattete die Hanse ihre Handelsschiffe mit Waffen aus und ließ sie von Kriegsschiffen begleiten. Außerdem baute sie große Lagerhallen und Handelshäuser in den Hafenstädten und gewann dadurch weltweit an Einfluss und Macht. Hamburg entwickelte sich zu einem der wichtigsten Häfen und ist heute der größte in Deutschland!
Reiche Kaufleute wurden früher »Pfeffersäcke« genannt. Eigentlich ein Kompliment, da Pfeffer und andere Gewürze zu den wertvollsten Handelsgütern der Hanse gehörten.
Weitere Waren in den Speichern und Kaufhäusern der Hansehäfen waren Getreide, Lüneburger Salz, Bier, Bernstein der Ostseestädte, Metallwaren, Eisen, Kupfer, Zinn, Fische, Vieh, Butter, Pelze, Wachs, Holz, Papier, Häute aus Schottland, Stoffe, Wolle, Wein …

Schiffe der Vergangenheit
Um das Jahr 1350 wurde die **Kogge** entwickelt, das Handelsschiff der Hanse. Dieses Schiff hatte einen Mast und erstmals schützte ein Holzdeck die Ladung. Um 1500 entstanden die **Karavelle**, ein schnelles dreimastiges Segelschiff, und die **Karacke**. Sie hatte ebenfalls drei Masten und einen kräftigen Rumpf, der sehr viel Laderaum bot. Kleinere Karacken wurden sehr gerne von Piraten benutzt.
Von 1700 bis 1800 gebrauchte man eher kleine, wendige Segelschiffe. Eines davon war die **Schaluppe**, ein Einmaster mit sehr umfangreicher Besegelung.
Der **Schoner** war später das ideale Schiff, um auch in seichtes Gewässer zu segeln, und da größere Schiffe ihm dorthin nicht folgen konnten, konnten sich Seeräuber damit sehr gut vor Verfolgern verstecken.

Karacke

Um 1750 kam die **Fregatte** in Gebrauch, ein schnelles Kriegsschiff mit drei Masten und vielen Kanonen. Mit ihr hoffte man die Handelswege sichern zu können.

Das Wort Pirat bedeutet nichts anderes als Seeräuber. Sie waren auf allen Meeren unterwegs – und keine Schiffsladung war vor ihnen sicher. Erst als die Handelsschiffe mit Kanonen bewaffnet und streng bewacht wurden, hatten sie kein leichtes Spiel mehr.

Im 19. Jahrhundert wurden die Segelschiffe immer größer und schneller. Die letzten Segelschiffe waren die **Windjammer**, die bei kräftigen Winden sogar schneller als die Dampfschiffe ihrer Zeit waren.

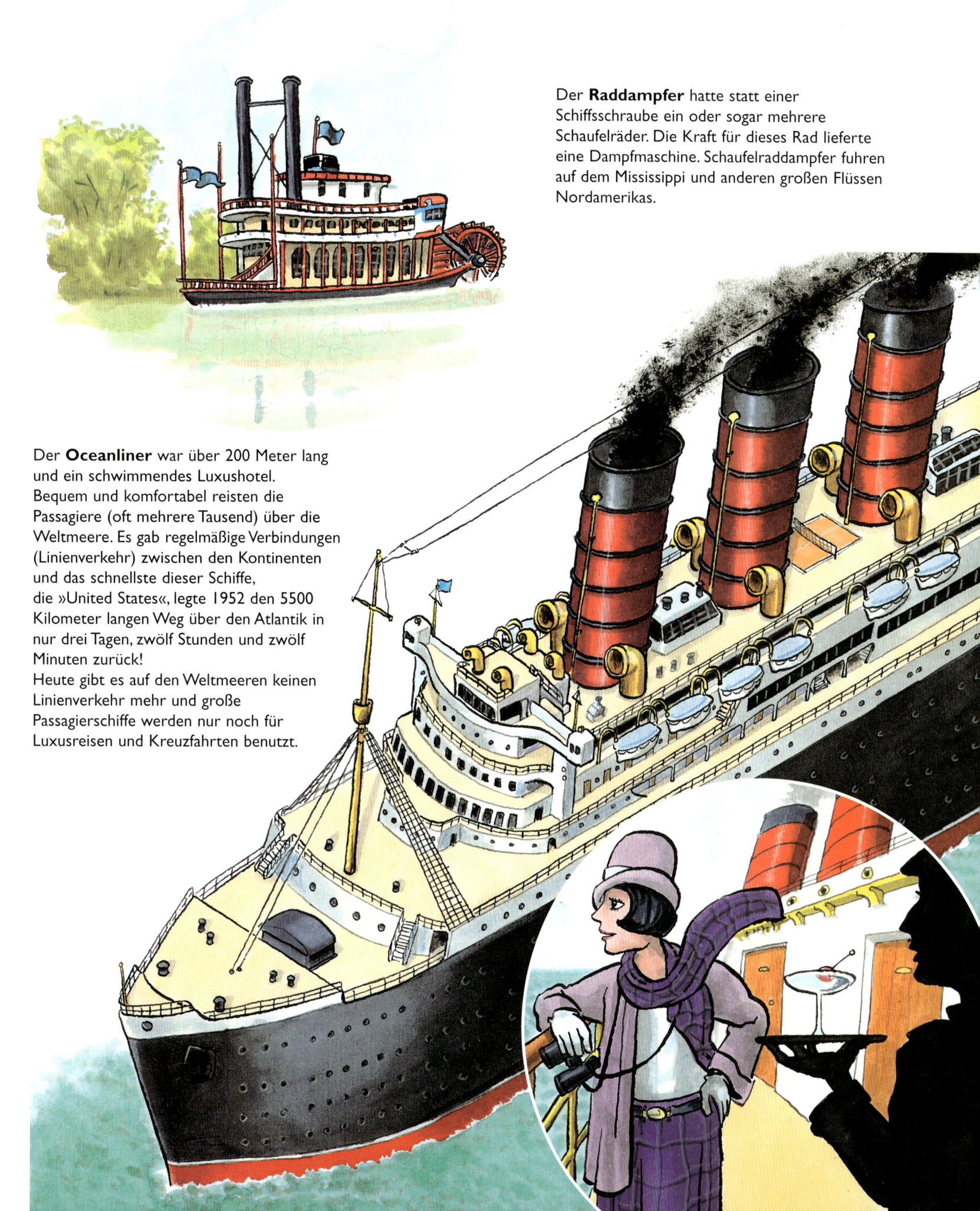

Der **Raddampfer** hatte statt einer Schiffsschraube ein oder sogar mehrere Schaufelräder. Die Kraft für dieses Rad lieferte eine Dampfmaschine. Schaufelraddampfer fuhren auf dem Mississippi und anderen großen Flüssen Nordamerikas.

Der **Oceanliner** war über 200 Meter lang und ein schwimmendes Luxushotel. Bequem und komfortabel reisten die Passagiere (oft mehrere Tausend) über die Weltmeere. Es gab regelmäßige Verbindungen (Linienverkehr) zwischen den Kontinenten und das schnellste dieser Schiffe, die »United States«, legte 1952 den 5500 Kilometer langen Weg über den Atlantik in nur drei Tagen, zwölf Stunden und zwölf Minuten zurück!
Heute gibt es auf den Weltmeeren keinen Linienverkehr mehr und große Passagierschiffe werden nur noch für Luxusreisen und Kreuzfahrten benutzt.

Der Fischereihafen

In diesem kleinen Hafen liegen nur Fischkutter. Hin und wieder geht auch ein Segelboot vor Anker. Die Fischer fahren nachts weit aufs Meer hinaus um ihre Netze auszuwerfen. Wenn sie zurückkehren, bringen sie frische Fische mit, die meist noch am Anlege-Kai verkauft werden.

Die Möwen

Sie leben meist in Häfen und flattern um die Fischkutter herum, immer in der Hoffnung, den einen oder anderen Leckerbissen zu erwischen. Sie fressen mit Vorliebe Fische, Würmer, Krebse und pflanzliche Nahrung.

Die wichtigsten Möwenarten sind:

Silbermöwe

Mantelmöwe

Lachmöwe

Robben sind sehr neugierige Tiere, die hervorragend schwimmen und tauchen können. Sie ernähren sich von Fischen und werden daher von Fischern nicht gerne gesehen – sie schnappen ihnen nämlich immer wieder die Fische vor der Nase weg.

Am Yachthafen ist immer was los!

In diesem Hafen liegen Yachten, Jollen, kleine Motorboote und auch die schnellen Powerboats. Hier treffen sich Segler und Motorbootfahrer. Rund um den Hafen haben sich viele Geschäfte und Restaurants angesiedelt. Wer will, kann schicke Kleidung kaufen oder in einer Bar etwas trinken. Spezialgeschäfte, so genannte Ausrüster, bieten Zubehör für Segler und Motorboote – vom Anker bis zur Kapitänsmütze.

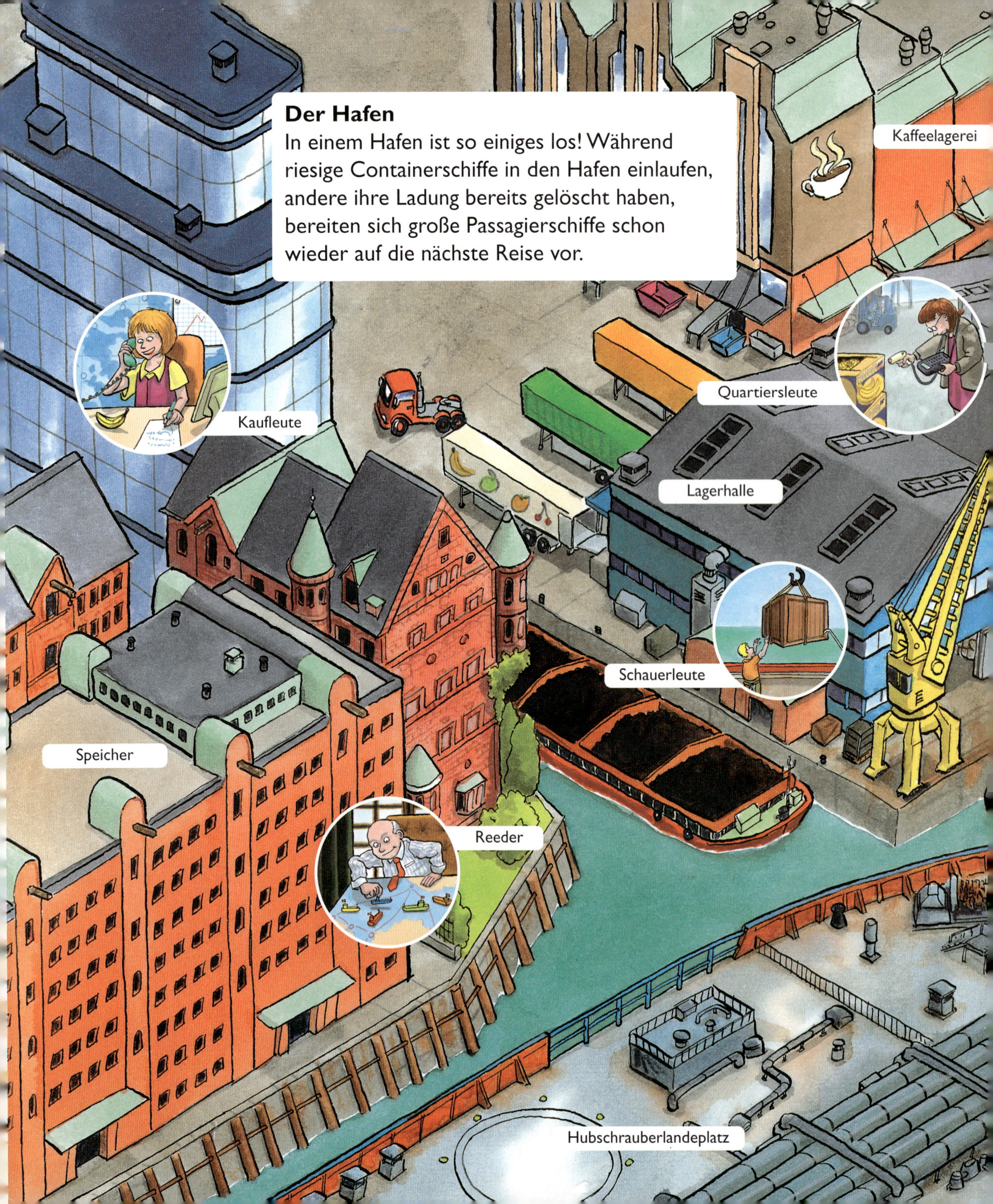

Der **Kapitän** ist der Schiffsführer und nach seinen Anweisungen wird ein Schiff über die Weltmeere gelenkt. Er bestimmt über alles, was auf dem Schiff geschieht.

Der **Funker** hält Verbindung mit dem Festland und anderen Schiffen, holt die neuesten Wettermeldungen ein und ruft in Notfällen Hilfe herbei.

Matrosen arbeiten auf Schiffen und ihr Arbeitsalltag sieht je nach Art des Schiffes unterschiedlich aus. Sie fahren auf Segelschiffen, Tankern, Containerschiffen und Passagier-Linern.

Schiffe, die in einen Hafen einlaufen wollen, müssen sich in der Nautischen Zentrale vorher anmelden. **Nautiker** prüfen, welche Liegeplätze für das Schiff geeignet sind, und geben die Informationen dann an die Schiffslotsen weiter.

Berufe rund um den Hafen

Viele Menschen verdienen ihren Lebensunterhalt im Hafen. Dabei üben sie oft ganz besondere Berufe aus.

Der **Hafenkapitän** ist der Leiter des Hafenbetriebs und für den allgemeinen Ablauf zuständig. Außerdem kann er Verkehrsdelikte zu Wasser und zu Lande bestrafen. Er überwacht also auch die Einhaltung der Vorschriften im Hafen.

Das Be- und Entladen (Löschen) der Schiffe erledigten früher die **Schauerleute**. Sie arbeiteten meist in Gruppen und zählten zu den wichtigsten Arbeitern im Hafen. Heute werden diese starken Männer seltener eingesetzt als früher, weil ihre Arbeit immer öfter von Maschinen übernommen wird.

Die Besitzer von Schiffen nennt man **Reeder**. Eine Reederei ist ein Schifffahrtsunternehmen, das seine Schiffe vermietet – sie stellt sie anderen Firmen für Geld zur Verfügung. Die Vermietung übernehmen **Agenten** oder **Schiffsmakler**.

Quartiersleute arbeiten in einem Lagerhaus, denn nicht alle Waren, die ein Schiff im Auftrag des Kaufmanns herbeibringt, werden sofort gebraucht. Doch mit der reinen Lagerung ist es nicht getan: Quartiersleute begutachten, reinigen und sortieren die Handelswaren. Sie kennen sich bestens mit der Haltbarkeit von Bananen, den verschiedenen Kaffeesorten, aber auch mit der richtigen Lagerung elektronischer Bauteile aus.

Kaufleute arbeiten in einem Handelshaus, einem so genannten Kontor. Sie handeln mit Waren aus aller Welt und transportieren diese auf Schiffen. Reiche Handelshäuser besaßen früher eigene Schiffe und waren daher nicht auf eine Reederei angewiesen.

Ewerführer steuern flache Transportboote, die so genannten Ewer. Auf ihnen werden Waren innerhalb des Hafens oder auch ins nahe Umland transportiert. Früher hatten sie mehr zu tun, denn heute wird ein Großteil des Stückgut-Verkehrs (Transport kleiner Warenstücke) über Container abgewickelt.

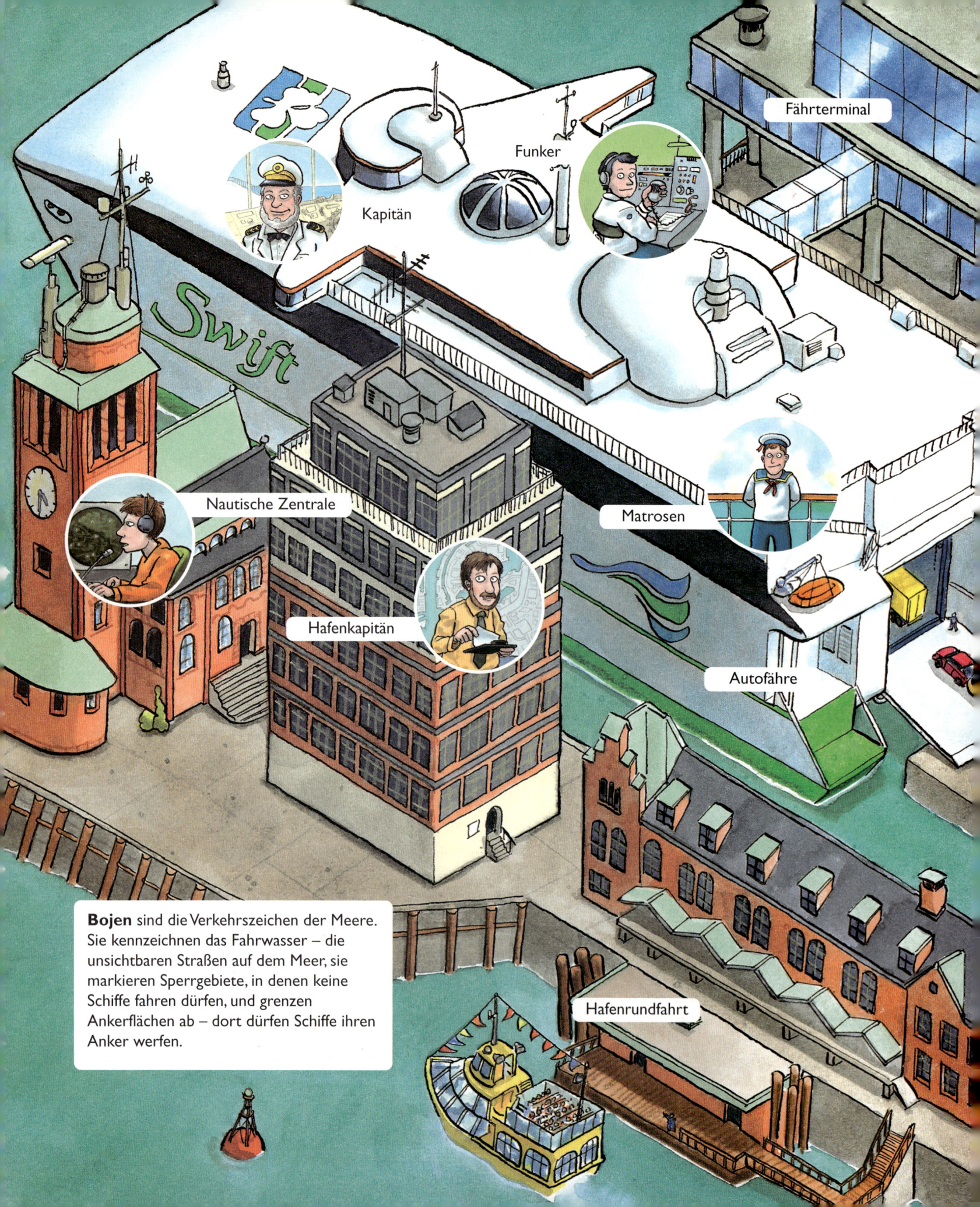

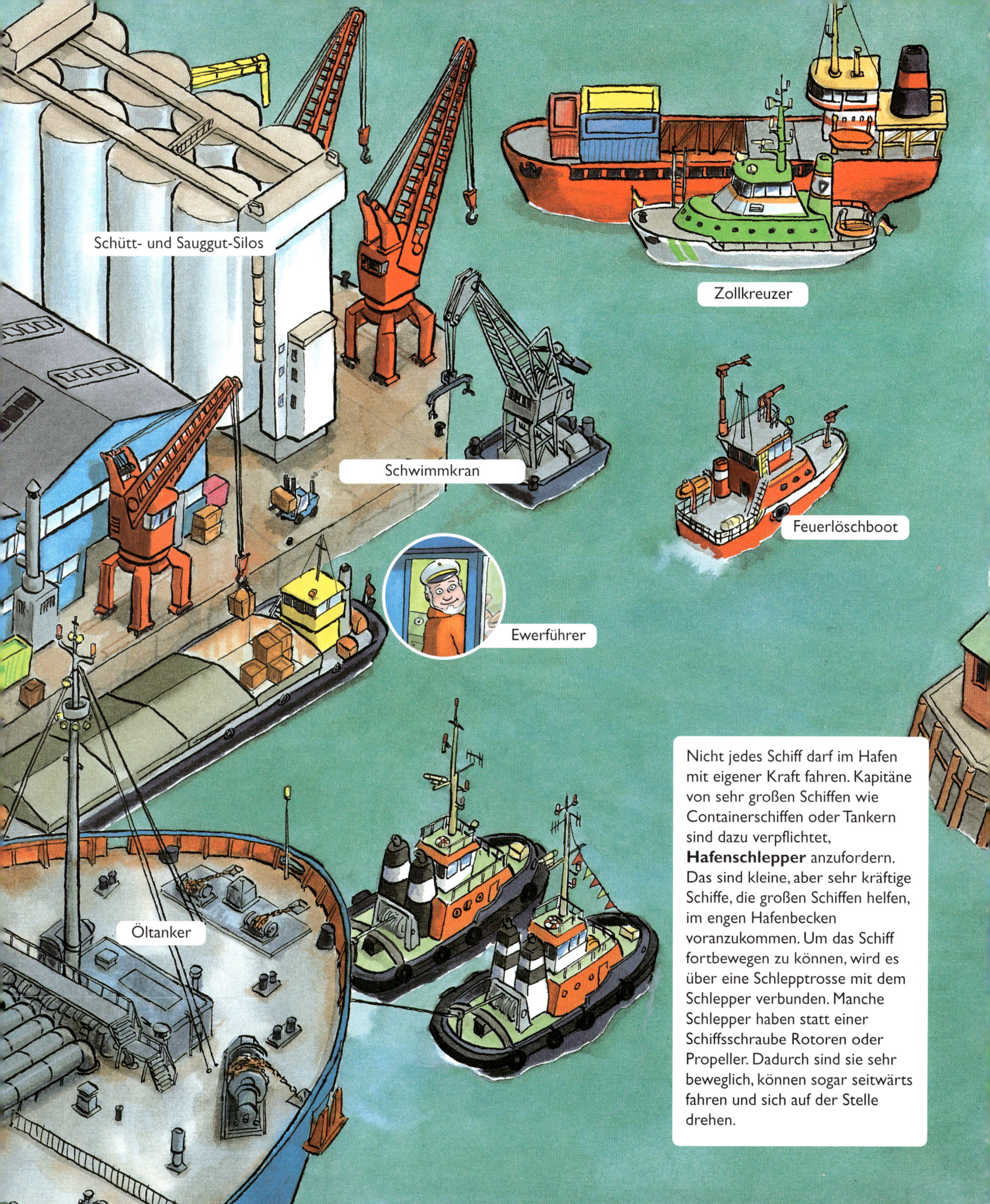

Nicht jedes Schiff darf im Hafen mit eigener Kraft fahren. Kapitäne von sehr großen Schiffen wie Containerschiffen oder Tankern sind dazu verpflichtet, **Hafenschlepper** anzufordern. Das sind kleine, aber sehr kräftige Schiffe, die großen Schiffen helfen, im engen Hafenbecken voranzukommen. Um das Schiff fortbewegen zu können, wird es über eine Schlepptrosse mit dem Schlepper verbunden. Manche Schlepper haben statt einer Schiffsschraube Rotoren oder Propeller. Dadurch sind sie sehr beweglich, können sogar seitwärts fahren und sich auf der Stelle drehen.

Transport im Container – wie funktioniert das?

Früher war der Transport von Waren eine mühselige Aufgabe für die Schauerleute, denn sie mussten sehr unterschiedliche Güter an Bord bringen. Es war daher schwierig, den Laderaum eines Schiffes gut zu nutzen und das Einladen (Verstauen) und das Ausladen (Löschen) im Zielhafen dauerte daher oft sehr lange. Container schaffen da heute Abhilfe. Sie werden schon an Land mit Waren vollgepackt und können einfach und schnell mit der Ladebrücke aufs Schiff gehoben werden. Da ein Containerschiff auf seiner langen Reise mehrere Häfen anläuft und Container löscht, ist es wichtig, wie die Container am Schiff gestapelt werden: Die Container, die zuerst ausgeladen werden, müssen ganz oben liegen!

Portalstapler

Ein Container ist riesengroß: Er ist ungefähr 2,40 Meter breit, 2,40 Meter hoch und kann zwischen 6 und 12 Meter lang sein.

In manchen Containern werden Computerteile oder Motoren für die Autoindustrie, in anderen Konserven, Wein, Kleidung oder Elektrogeräte transportiert. Leicht verderbliche Waren wie Fleisch, Obst und Gemüse werden in Kühlcontainern befördert.

Wohin geht die Reise?
Lange Zeit waren die Seeleute auf einfache, recht ungenaue Seekarten und den Polarstern am Himmel angewiesen. Heute orientieren sich Schiffe mithilfe modernster Technik. Computer und Satelliten helfen dabei, die genaue Position eines Schiffes auf hoher See herauszufinden.

Mit **GPS** lässt sich die Position eines Schiffes bis auf einige Meter genau bestimmen. Mithilfe von Satelliten im Weltall kann ein Kapitän feststellen, ob sein Schiff noch auf Kurs ist, das heißt, den richtigen Weg fährt.

Mit dem **Echolot** wird die Wassertiefe gemessen, damit das Schiff nicht auf Grund läuft. Schallwellen werden in die Tiefe gesandt und vom Meeresboden zurückgeworfen.

Trotz der guten Ausrüstung an Bord drohen auf dem Meer manchmal Gefahren: Schiffe können in Stürme geraten und kentern (umkippen). Für solche Fälle gibt es die **Seenotrettung** mit speziellen Rettungsbooten, die auch bei Sturm und hoher See sicher fahren können. Noch schneller geht es aus der Luft – daher werden auch häufig **Helikopter** eingesetzt.

Die **Schwimmweste** hält den Kopf, vor allem Mund und Nase, im Wellengang des Meeres über Wasser. An vielen Schwimmwesten sind Pfeifen angebracht, mit denen man auf sich aufmerksam machen kann, wenn sich die Seenotrettung nähert.

Der **Kompass** hat eine magnetische Nadel und die Spitze dieser Nadel zeigt immer nach Norden. Mit dem Kompass lässt sich aber nur der ungefähre Kurs eines Schiffes bestimmen.

Was tun, wenn sich ein Schiff in Seenot befindet und die Funkverbindung unterbrochen ist? Mit der **Notsignallampe** können Seeleute Nachrichten an ein anderes Schiff übermitteln.

Windstärken
Admiral Sir Francis Beaufort entwickelte im Jahre 1805 eine Skala, die die Luftbewegungen in Stärken unterteilt. Er unterscheidet 12 Stufen:

1 – leichter Windzug
2 – leichte Brise
3 – schwache Brise
4 – mäßige Brise
5 – frische Brise
6 – starker Wind
7 – steifer Wind
8 – stürmischer Wind
9 – Sturm
10 – schwerer Sturm
11 – orkanartiger Sturm
12 – Orkan

Die **Leuchtrakete** steigt hoch in den Himmel und wird von Helfern schnell bemerkt.

Wie die Spinne im Netz

In einer Hafenstadt laufen viele Verkehrswege zusammen. So können Waren problemlos vom Hafen abgeholt und dorthin transportiert werden. Binnenschiffe bringen Massengüter über Kanäle und Flüsse. Züge liefern Waren per Waggon. Eilige Güter reisen mit LKWs über die Straße an und Passagiere für Kreuzfahrten erreichen den Hafen mit dem Flugzeug.

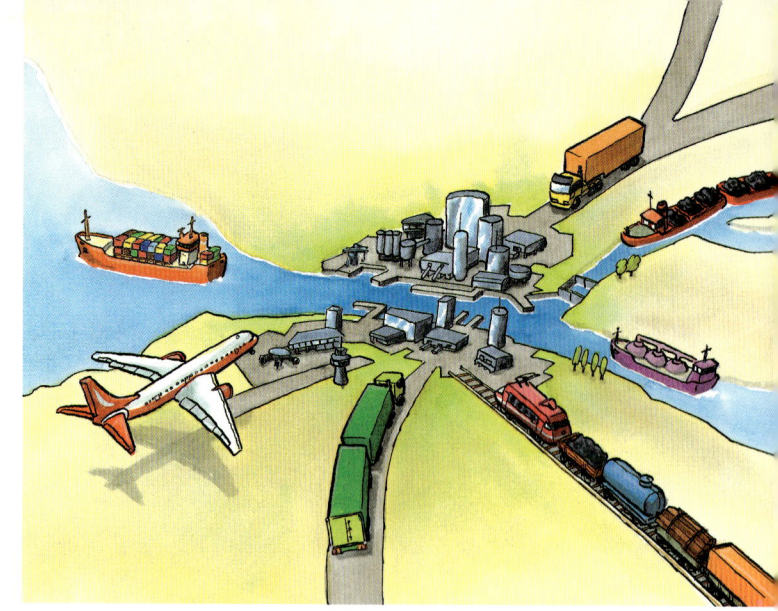

Wie wird ein Schiff be- und entladen?

Öle und Gase werden durch Druckrohrleitungen gepresst. Da die Anlegestellen für Öl- und Gastanker meist nicht direkt im Hafengelände liegen, müssen diese Leitungen kilometerweit verlegt werden.

Transportbänder bringen die Waren direkt und schnell ins Lagerhaus. Von dort können sie dann problemlos von LKWs abgeholt werden.

Wenn man mit einem Personenwagen oder Lastwagen über das Meer in ein anderes Land möchte, kommt der Wagen in den riesigen Bauch eines Fährschiffes.

Saugluftanlagen transportieren z. B. große Mengen Getreide aus den Schiffsladeräumen in Silos und umgekehrt. Ein großer Rüssel saugt die Körner in die Rohre und anschließend in die Behälter.

Kohle wird über Schütten oder mithilfe von Kränen auf Frachtschiffe verladen.

Ein Hafenkran kann viele hundert Tonnen heben und verfrachtet sehr schweres Gut wie Stahlbeton-Bauteile oder Lastkraftwagen.

Die berühmt-berüchtigte Schleuse

Häufig kommt es vor, dass Schiffe auf Flüssen oder Kanälen ein steiles Gefälle überwinden müssen. Was ist zu tun? Schiffe können schließlich keine Wasserfälle hinauf- oder hinunterfahren … Man baut eine Schleuse – so stellt eine »Stufe« kein Hindernis mehr dar.

So funktioniert eine Schleuse
Will ein Schiff »den Berg hinunter«, fährt es in das volle Schleusenbecken (1).

Das Schleusentor schließt sich hinter ihm und es wird Wasser in den unteren Wasserlauf abgelassen.

Langsam sinkt so das Schiff. Wenn es die Höhe des unteren Wasserlaufes erreicht hat, wird das Schleusentor wieder geöffnet und das Schiff kann weiterfahren (2).

Und der umgekehrte Weg?
Will ein Schiff »den Berg hinauf«, fährt es in das fast leere Schleusenbecken (2). Das Schleusentor schließt sich hinter ihm und es wird Wasser ins Becken gepumpt.

Langsam wird so das Schiff emporgehoben. Wenn es die Höhe des oberen Wasserlaufes erreicht hat, wird das Schleusentor wieder geöffnet und das Schiff kann weiterfahren (1).

Die Geburtsstunde eines Schiffes

»Wie werden Schiffe eigentlich gebaut und wie kommen sie dann ins Wasser?«, will Benni wissen. »Schwierige Fragen«, grübelt Herr Segler. »Aber zum Glück ist hier in der Nähe eine Schiffsfabrik – eine Werft! Sollen wir mal mit dem Rad hinfahren?« – »Da kommen wir ja gerade richtig!« Auf der Werft ist gerade ein Schiff fertig geworden. Es heißt »Mia Marina«. Neu und frisch gestrichen und blitzsauber steht es da. Daneben ist eine Bühne aufgebaut, auf der viele fein gekleidete Menschen stehen. Ein Herr in dunklem Anzug hält eine Rede. Die Seglers bekommen gerade noch die letzten Worte vom Wind herübergeweht: »… Mia Marina, wünsche ich dir Gute Fahrt auf allen Meeren!«
Was passiert jetzt? Eine Frau im Abendkleid wirft mit aller Kraft eine Flasche gegen den Bug des Schiffes. Starke Männer schlagen mit riesigen Hämmern Bremsklötze weg und das Schiff rutscht ins Wasser.
Wellen branden ans Ufer und alle Zuschauer klatschen. »Toll!«, ruft Herr Segler. »Jetzt haben wir also einen Stapellauf gesehen!« Benni hat noch eine Frage. »Und wie werden Schiffe gestrichen?

Ich meine, wenn sie einmal schwimmen, wie kommt man da von unten an sie heran?« – »Das machen sicher Taucher«, vermutet Lina. Anstreichen unter Wasser – Herr Segler muss lachen.
»Nein, das passiert meist im Trockendock! Das Schiff wird mit Winden aus dem Wasser gezogen. Anschließend wird sein Rumpf gründlich gereinigt und erst dann wird es gestrichen!« Benni hat noch etwas entdeckt. »Schaut, da drüben, ist das nicht so ein Trockendock?« – »Genau!«, stimmt Herr Segler zu. »Lasst es uns doch mal aus der Nähe ansehen.«

Seemannsbegriffe

ablandig	ist der Wind, der vom Land her weht. Gegenteil von auflandig	Deck	die Oberseite eines Schiffes
achteraus	bedeutet soviel wie hinter dem Schiff, rückwärts	Ebbe	das Sinken des Wasserspiegels durch die Gezeiten
Backbord	vom Heck aus gesehen links, die linke Seite des Schiffes; Positionslicht: rot	Flut	das Steigen des Wasserspiegels durch die Gezeiten
Ballast	zusätzliches Gewicht, damit ein leeres Schiff ruhig im Wasser liegt	Fahrwasser	gekennzeichneter Weg in flachen Küstengewässern oder Flussmündungen für Schiffe mit größerem Tiefgang
Bö	ein plötzlicher Windstoß		
Boje	ein verankerter Schwimmkörper zum Festmachen von Fahrzeugen oder zur Markierung bestimmter Stellen, z. B. Wasserstraßen	Flagge	eine viereckige Fahne
		Flunke	ein Arm des Ankers
		Freibord	die Höhe der Bordwand über der Wasserlinie
		Heck	hinterer Teil eines Schiffes
		Jolle	kleines Segelboot
Brise	leichter bis mittlerer Wind	Knoten	(kn) das Maß für die Geschwindigkeit = Seemeilen pro Stunde
Crew	(sprich: kru) Besatzung bzw. Mannschaft eines Schiffes		
Dalben	eine Gruppe von Pfählen am Ufer, z. B. zum Festmachen eines Schiffes	Koje	der Schlafplatz der Seeleute an Bord
		Kombüse	die Schiffsküche

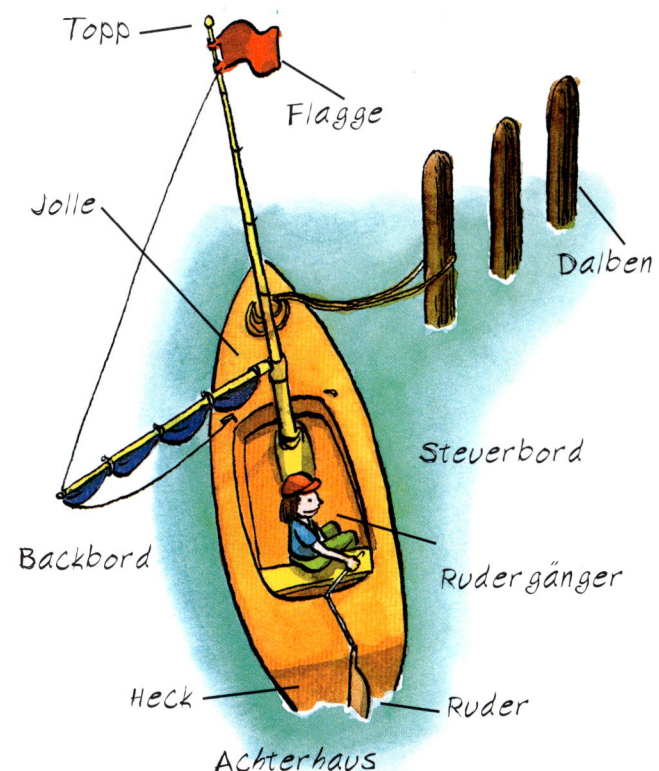

krängen	die seitliche Neigung eines Schiffes
Maat	Bootsmann, der Vorgesetzte der Matrosen
Matrose	einfaches Mitglied der Crew
Leck	ein Loch im Schiffsrumpf
Lee	die dem Wind abgekehrte Seite des Schiffes
Luv	die dem Wind zugekehrte Seite des Schiffes
lenzen	Wasser pumpen, etwas leer pumpen
Logbuch	das Schiffstagebuch, wird vom Kapitän geführt
loggen	die Schiffsgeschwindigkeit messen
Niedrigwasser	niedrigster Wasserstand bei Ebbe
Pullen	das Rudern mit einem Beiboot
Pütz	ein kleiner Wassereimer
querab	auf der Seite, neben dem Schiff
Riemen	seemännischer Ausdruck für die Ruder eines Ruderbootes
Ruder	Steuereinrichtung am Heck eines Schiffes, das Ruder
Rudergänger	der Mann, der das Ruder bedient
Smutje	der Schiffskoch
Steuerbord	vom Heck aus gesehen rechts, die rechte Seite des Schiffes; Positionslicht: grün
Tampen	das Ende eines Taues
Topp	das obere Ende eines Mastes
Untiefe	eine gefährlich flache Stelle im Wasser
Wahrschau!	Ein Warnruf, etwa wie »Achtung!« oder »Vorsicht!«
Winsch	eine Winde, zum Beispiel für Taue oder die Ankerkette

Die Deutsche Bibliothek – CIP-Einheitsaufnahme

Ich weiß was vom Hafen / Norbert Golluch. Ill. von Helmut Kollars. –
Wien ; München : Betz, 2002
ISBN 3-219-10991-8

B 0905/1
Alle Rechte vorbehalten
Umschlag, Illustrationen und Layout von Helmut Kollars
Gesetzt nach der neuen Rechtschreibung
Copyright © 2002 by Annette Betz Verlag
im Verlag Carl Ueberreuter, Wien – München
Printed in Austria
1 3 5 7 6 4 2

Annette Betz im Internet: www.annettebetz.com